W9-CRP-107

金色童书
Golden Books

Richard Scarry 理查德·斯凯瑞 [美]

幸运的蚯蚓爬爬

贵州出版集团公司　贵州人民出版社

幸运的蚯蚓爬爬

早上好，爬爬！

呜……风呼呼地吹着！

风把蚯蚓爬爬的毯子
吹到了地上。
　"呃……"爬爬打了
一个寒噤，"好冷啊！"

他钻进小屁孩儿的被窝，
在暖融融的毯子里蜷成一团。

"早上好，小屁孩儿！"他说。

一片树叶乘着风从窗户飘了进来，落在爬爬的鼻子上。

"阿……嚏！"

"哈哈，爬爬，看来今天是个放风筝的好天气！"小屁孩儿说。

"也是去忙忙碌碌镇游乐场的好日子！"爬爬说。

"没错！"说着，小屁孩儿跳下了床，"我差点儿把这事儿给忘了！"

两个小家伙赶紧洗脸、刷牙，穿好衣服。

他们在厨房里吃了一碗麦片粥，然后骑上小屁孩儿的自行车，赶往忙忙碌碌镇游乐场。

意外的航行

忙忙碌碌镇游乐场里彩旗飘扬。

"哇！"小屁孩儿对爬爬说，"快看那些好玩的！"

就在这时，一阵风吹掉了爬爬的帽子，帽子随风飞走了。
"哇哦！"

两个小家伙去追帽子。
帽子掉进了鲁道夫的热气球篮子里。

"这种大风天，最好把你的帽子抓牢！"鲁道夫说。
"您不打算飞行吗，鲁道夫先生？"小屁孩儿问。
"我可没这打算，"鲁道夫回答道，"这种大风天，
我要是飞上天的话，可能就回不来了！"

小屁孩儿和爬爬遇到了布鲁诺，他正用一个高高的气瓶给气球打气呢。

噗——！

"你们两个小家伙想要一个气球吗？"布鲁诺问道。

"好呀，谢谢布鲁诺先生！"小屁孩儿说。

"你不要一个吗，爬爬？"布鲁诺问道。

"哦，我不要，谢谢你，布鲁诺先生。"爬爬回答道，"我可不想被吹跑！"

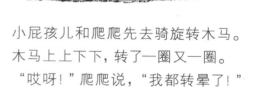

小屁孩儿和爬爬先去骑旋转木马。

木马上上下下，转了一圈又一圈。

"哎呀！"爬爬说，"我都转晕了！"

他们又去玩过山车。

"啊呀！"爬爬叫喊着，"吓死我了！"

接下来，小屁孩儿要去玩碰碰车。

"我还是在这儿等你吧，"爬爬说，"我得休息一会儿！"

"你能帮我拿着气球吗？"小屁孩儿问。

"没问题！"爬爬爽快地答应了。

小屁孩儿把气球系在了爬爬的腰上。

可就在这时，一阵风吹来，把气球吹跑了。

"哇哦！"爬爬被带上了天，"救命啊！救命啊！"他喊着。

小屁孩儿赶紧跑去找鲁道夫，他指着天上的爬爬给鲁道夫看。

"别担心，小屁孩儿！"鲁道夫说，"我会把他救下来的。"

鲁道夫坐着热气球追上了爬爬。他背着降落伞，从热气球上跳下来，一把抱住了爬爬。

鲁道夫和爬爬慢慢地飘落下来，刚好落在哈布丁的面包摊上。

"哇！鲁道夫先生，您救了爬爬，真了不起！"
小屁孩儿说，"你没事儿吧，爬爬？"
"感觉不错，小屁孩儿！"爬爬回答，"不过今天我可飞够了！"

漂流木城堡

布鲁诺正在他的热狗店附近的沙滩上，清理岸边的漂浮木。

"昨天的大风把这些漂浮木都刮到了岸上。"布鲁诺回答说，"我要把它们清理掉，可是实在太多了，我都不知道该拿它们怎么办了。"

"你好，布鲁诺先生！"小屁孩儿问道，"你在做什么？"

"这些木头足够盖一座房子了！"爬爬说。
"甚至可以……一座城堡！"小屁孩大声说，"我们可以用一些木头吗，布鲁诺先生？"
"当然可以！"布鲁诺说，"你们随便用。"

11

小屁孩儿和爬爬兴奋地在沙滩上跑来跑去,捡起那些形状有趣的木头。

"看,小屁孩儿!"爬爬大声喊道,"这块木板可以做一扇造型简洁的门。"

"或者……更适合做……做一座吊桥!"小屁孩儿说,"我可不想让任何人进入城堡!"

"哦?"爬爬有点不明白。

爬爬忽然发现沙滩上有几个窗框。

"看,小屁孩儿!"他喊道,"咱们城堡的窗户!"

"我们不需要窗户,爬爬,"小屁孩儿说,"不过,我们可以用它们做瞭望塔,这样我们就能发现敌人了!"

"敌人!"爬爬感到惊讶,"我们有什么敌人吗?我可不这么认为。"

城堡建好了，小屁孩儿和爬爬坐在了城堡里。
"现在，我们干点什么呢，小屁孩儿？"爬爬问。
"等着敌人进攻！"小屁孩儿说。

"你们俩想吃冰淇淋吗？"布鲁诺
站在热狗店里，朝两个小家伙喊。

"嘿，谢谢你，布鲁诺先生！"他们说。
"我们在搜寻敌人呢，布鲁诺先生。"小屁孩儿说。
"真的吗？"布鲁诺问道，"那可要盯紧点儿，因为
会有让你意想不到的敌人。"

就在这时，一个巨浪狠狠地
拍打在城堡上，把它冲散了架。

"哦，不要啊！"小屁孩儿大喊。

"哈哈！"爬爬哈哈大笑，"你说对了，布鲁诺
先生！这就是我们没有料到的敌人。"

节 约

蚯蚓爬爬不喜欢浪费，他帮助猫一家处处节约。

爬爬是这么做的，你呢？

他洗脸的时候，不会把水龙头开得太大，也不会让水流太久。这样可以节约水！

吃饭的时候，他总是尽量把饭菜都吃光。他知道，农民伯伯种粮食很辛苦的。

看完电视，他会把电源关掉。
这样可以节约电！

买东西的时候，他会带上购物袋。
这样，他就不用买袋子了。

爬爬发现废物回收利用很有趣。
他把猫一家的空瓶子和旧报纸都收集起来，
放到路边那些分类垃圾箱里。

爬爬知道，它们不是完全没有用处的垃圾，人们可以用它们
生产出新的玻璃用品和纸制品。

谢谢你，爬爬！

15

生日礼物

"嗨，小屁孩儿！"爬爬说，"你为什么这么不开心呢？"

"今天是妈妈的生日，可是我没有钱给她买礼物。"小屁孩儿举起空空的存钱罐。

"哦，是这样啊。"爬爬说。

"楼上有谁看到我的眼镜了吗？"猫妈妈喊道。

"没有！"爬爬大声回答，"我们去楼下帮您找眼镜！"

下了楼，小屁孩儿和爬爬开始帮妈妈找眼镜。
小屁孩儿钻到了桌子下面。

"嘿，瞧我找到了什么！"他边喊
边从桌子下面爬了出来。
"我的钢笔！"猫妈妈说。

爬爬钻到沙发下面，叼着一串钥
匙爬了出来。
"这是谁的钥匙？"他问。

"我的钥匙！"猫妈妈惊喜地大喊，"从昨天开始，
我翻遍了整个房子，也没找到它们。谢谢，小家伙们！"
"现在，真希望我们能找到眼镜！"小屁孩儿说。
"在这儿呢！"爬爬喊道，他叼起了眼镜，"它掉到
了沙发坐垫之间。"

"哦，你们两个真会找东西。"猫妈妈
说着，戴上眼镜，进了厨房。
"要是我能找到给妈妈的礼物，该多
好啊！"小屁孩儿伤心地对爬爬说。

"我想我们已经找到礼物了！"爬爬对小屁孩儿说了几句悄悄话。

"哇哦！"小屁孩儿开心地大叫。爬爬抓起猫妈妈的针线筐，两个小家伙跑上楼，来到了小屁孩儿的房间。

整个早晨，两个小家伙都在小屁孩儿的房间里悄悄地忙活着，又是剪又是缝的。

"谁看到我的针线筐了？"猫妈妈又在喊了，"我刚才肯定看到它了，可是这些天我好像总找不到东西！"

"我们马上就下来，猫太太！"爬爬在楼上喊道。

"这是您要找的东西吗，猫太太？"爬爬问。

"哦，谢谢你，爬爬！"妈妈大声说，"我一定要想办法记住我的东西都在哪儿。"

猫妈妈往篮子里一看。

"这是什么？"她纳闷地拿起一件大大的T恤衫，衣服上缝着很多口袋和纽扣。

"生日快乐，妈妈！"

"生日快乐，猫太太！"

"我们想……您肯定需要一个放各种小东西的地方！"

猫妈妈举起T恤衫。

"太可爱了！我喜欢它！我要把它挂在厨房里，这样，我就不会忘记我的钥匙、钢笔、钱包、刷子……还有眼镜都放在哪儿了。这是我见过的最有想象力的礼物。谢谢你们！"

19

爬爬在哪儿?

猫妈妈要带小屁孩儿、猫小妹和爬爬去大都市玩一天。
猫爸爸开车把他们送到了火车站。

在火车上,乘务员威利在剪票。
"妈妈要带我们去博物馆。"小屁孩儿对威利说。
"我们还要去吃大餐。"爬爬说。
"还要坐地铁。"猫小妹补充了一句。

猫妈妈从零钱袋里拿出几枚硬币,分给三个孩子。
"哦,好家伙!"爬爬说,"这是买冰激凌的钱?"
"不,爬爬,"妈妈回答说,"这是打电话的钱。万一你们走丢了,可以给猫爸爸打电话。"
"哦,别担心,猫太太!"爬爬说,"我不会走丢的!"

火车到达了大都市火车站。
哇，站台上的人可真多啊！

妈妈拉着小屁孩儿的手，
小屁孩儿拉着猫小妹的手。
"跟紧点儿。"猫妈妈叮
嘱爬爬。

街边有很多有意思的橱窗。

他们在一家玩具店的橱窗前看了会儿。接着，他们经过一家鞋店的大橱窗。

"哇！"爬爬站在橱窗前叫道，"快看那些鞋！"

在街道拐角处，猫小妹说："嘿，爬爬呢？"

"哎哟！"爬爬急忙跑了过来，"对不起，猫太太！"

23

他们走进一家大的百货公司，
那里有一个很大的香水柜台。

"哦，这味道多好闻！"
爬爬停下脚步，使劲闻了闻。

收银台

"快来，爬爬！"猫妈妈
喊道，"我们要坐电梯了。"

25

在电梯里，可怜的爬爬被挤到了最里面。
电梯门关上了。

"二楼到了！"电梯操作员喊道。
爬爬听到门打开然后又关上了。

"哦，不！"他又回到电梯里，
坐电梯下楼。

"顶楼到了！"电梯操作员喊道。
大家都从电梯里走了出来，可是
爬爬没有看到猫妈妈他们。

"二楼到了！"电梯操作员再次喊道。
电梯门打开了，门口站着猫妈妈他们。

"嘿，你去哪儿了？"猫小妹问。

猫妈妈在百货公司里买完东西之后，
他们坐上出租车，前往历史博物馆。

博物馆

博物馆里有各种各样有趣的东西，供人们参观。

猫小妹喜欢埃及的木乃伊。

小屁孩儿喜欢穿着盔甲的武士。

"我的天呀，"猫妈妈喊道，"爬爬在哪儿？"

"救命啊！"一个大炮里传来熟悉的声音。
一只红色运动鞋在大炮口晃啊晃的。
小屁孩儿把他的朋友拉了出来。砰！

"对不起，猫太太！"爬爬说，"我
想我看得太专注了！"

在 饭 店

"看了这么多，我都饿了！"小屁孩儿说。
猫妈妈带孩子们去饭店吃饭。

他们来到一家意大利面馆，爬爬为猫妈妈、
小屁孩儿和猫小妹开门，请他们先进。
"哦，谢谢你，爬爬。"猫妈妈说。

一位女服务员把他们带到了餐桌旁。

他们都在看菜单。

"我可以点苹果派吗？"爬爬问。

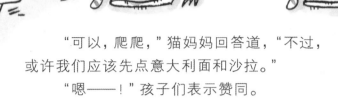

"可以，爬爬，"猫妈妈回答道，"不过，
或许我们应该先点意大利面和沙拉。"
"嗯——！"孩子们表示赞同。

他们耐心地等待食物送来。

他们等了很久，幸好猫妈妈想
得很周到，带来了彩笔和图画纸！

爬爬通常只系一条餐巾，可是吃
意大利面会弄得很脏，得系两条哦！

当他们离开饭店的时候，爬爬感谢了
猫妈妈，谢谢她请他吃饭。
"你太客气啦！"猫妈妈说，"很高兴
和一位绅士共进午餐。"

地铁历险

"我们什么时候去坐地铁，猫太太？"爬爬问。
"这就去。"猫妈妈说。

他们把票塞进旋转式栅门。
"这就像我们在游乐场玩的那些游乐设施一样。"
小屁孩儿说。
他们通过一个很长的扶梯，来到了站台上。

列车轰隆隆地开进车站，停了下来。
啊，人可真多呀！

31

爬爬和猫小妹挤在乘客中间。

到站了，列车门打开啦。
"我们该下车了！"猫妈妈招呼大家。

爬爬和猫小妹使劲往前挤，可是他们还没来得及下车，门就哐嘟一声关上了。列车又开动了。

"哦，不！我们被丢下了！"猫小妹哭起来。
"别担心，猫小妹。"爬爬说，"我想我知道该怎么办。"

地铁到达下一站时，他们
下了车，等待下一趟地铁。

下一趟地铁来了，猫妈妈和小屁孩儿果然在车上呢。

"真对不起，猫太太。"爬爬说，"我们没能跟上您。"
"不过你很聪明哦，让我找到了你们！"猫妈妈夸奖道。
嗯，等他们回到忙忙碌碌镇的家中时，可以给猫爸爸讲
好几个令人激动的故事了！

受伤的脚

猫妈妈让小屁孩儿和爬爬骑车
去汉克开的商店买些东西。

汉克把他们买的东西都装在了一个大纸袋里。

"嘿！"爬爬问，"我坐哪儿啊？"

"我想你得坐在后座上。"小屁孩儿说。

小屁孩儿骑上自行车往家赶。
可是，车筐里装的东西太多了，很难控制方向。
"哦，不……天哪！"

小屁孩儿的自行车急转弯的时候，爬爬的脚被自行车的链条给绞住了。

"哎哟！"爬爬疼得大叫。
小屁孩儿和买的那些东西也都飞了出去！

就在这时，墨菲警官骑着摩托车过来了。
"天呀！这是怎么了？"
爬爬痛苦地躺在自行车旁。
"我的脚受伤了！我起不来了！"

"哦，"墨菲警官说，"那我得带你去看医生！"
小屁孩儿坐到墨菲警官摩托车的侧座上，把爬爬轻轻地放在自己的大腿上。
摩托车带着他们赶往忙忙碌碌镇医院。

现在，爬爬坐在莱恩医生办公室的检查床上。

"别担心，爬爬，你会好的。"莱恩医生安慰他。

"我非得打针不可吗？"爬爬问。

"打一针会帮你止疼的。"护士诺拉说，"来，做条勇敢的蚯蚓……好啦，好啦！"

"打完了？"爬爬惊讶地问，"一点都不疼！"

莱恩医生把一个大机器移动到爬爬的脚上方。

"首先，我们要给你做个X光检查，看看你腿里面的情况。"莱恩医生说。

"会疼吗？"小屁孩问。

"不疼，小屁孩儿。X光机就是一台照相机，它只是给爬爬的腿拍张照片。"莱恩医生说，"不过你得离开，小屁孩儿，我可不想把你也拍进照片里。"

猫太太赶到医院了。

"哦，孩子！"猫妈妈叫道，"墨菲警官告诉我你在这儿。你没事儿吧？"

"我没事儿，妈妈，可是，爬爬……"

"他的脚骨折了。"莱恩医生走出了办公室，他的手里拿着爬爬腿部的X光片。

"幸运的是伤得不重。"莱恩医生说，"不过，得给爬爬打上石膏，这样骨头才能长好。"

爬爬坐在莱恩医生的办公室里。

"哇！你的脚肿了吗？"小屁孩儿说。

"是石膏让他的脚看起来很大，小屁孩儿。"诺拉护士说，"爬爬会有一段时间不能走路了。"

"那我怎么办？"爬爬问。

"我们会给你一个轮椅，这样你就可以四处走动了。"诺拉护士说。

"嘿，你总是这么幸运，爬爬！"小屁孩儿说。

"我真希望我也这么想。"爬爬说。

在家养伤

"再见，莱恩医生！再见，诺拉护士！"
爬爬出院的时候大声说，"谢谢你们！"

小屁孩儿推着爬爬的轮椅。
"好家伙，这个可真利索！"他说。
他推起轮椅，左一转、右一弯的。
"嘿！你慢着点儿！"爬爬大叫，
"我可不是玩具！"

她先开车来到书店，给爬爬
挑选了一些好看的书。

猫妈妈把爬爬放到车上，把他
的小轮椅放进了汽车的行李箱。

接着，她又给爬爬买了一台小收音机，
爬爬在家养病的时候可以听。
"哦，谢谢您，猫妈妈！"爬爬说。
"嘿，你总是这么幸运！"小屁孩儿说。

一到家，猫先生和猫太太就让爬爬搬出了楼上
小屁孩儿的房间，让他改睡楼下起居室的沙发。

小屁孩儿也跟来了，他决
定睡到爬爬旁边的地毯上。

他用毯子搭起了一个很舒服的帐篷，这样，他们就像在野外露营一样。

猫妈妈给哈尼老师打电话：
"爬爬得请几天病假。"

"嘿，爬爬，你总是这么
幸运！"小屁孩儿说。

可怜的爬爬，他可不这么认为。脚不能用了，做什么都很费劲。
没法写，也没法画画，他只能待在家里，看看书、听听收音机，打发漫长的一天。

猫妈妈开车送小屁孩儿和猫小妹
去学校，也带上了爬爬。爬爬见到了朋
友们，他好想念他们啊。

"你怎么样，爬爬？"朋友们关心
地问，"祝你早日康复！"

爬爬的朋友们都想在他的石膏上
签名，要是这石膏再大一些就好了！

猫妈妈开车去买东西的时候，
把爬爬也带上了。

汉克问候了爬爬，还给了爬爬
一个棒棒糖。

39

邮局里，有时会有爬爬的信。
"有一张祝你早日康复的慰问卡，爬爬！"猫妈妈说。

在汽车银行，出纳员
送给爬爬很多贴纸。

不过，最让爬爬高兴的还是去汽车饭店！

爬爬喜欢大杯的巧克力牛奶。

小屁孩儿知道了爬爬这一天的经历，
大叫道："嘿，你总是这么幸运！"

"早上好，小屁孩儿！早上好，爬爬！"猫妈妈说，"你们做好度过特别一天的准备了吗？"

"哦，准备好了！"爬爬大声回答着，从沙发上坐了起来。

"今天你要拆掉石膏了，爬爬！"猫妈妈说。

"你不觉得很激动吗，爬爬？"小屁孩儿问。

"哦，嗯……是的，小屁孩儿。"爬爬回答道。

可是，不知怎么的，听起来爬爬并不是太高兴。

吃过早饭，猫妈妈把爬爬抱上了车。

猫爸爸和他们挥手告别："祝你好运，爬爬！"

"你不害怕吗，爬爬？"猫小妹问，"我听说他们要用锯子来拆掉石膏。"

"锯子！"爬爬吓得跳了起来，"你确定？"

"别担心，爬爬，"猫妈妈说，"莱恩医生不会弄疼你的。"

来到医院，诺拉护士把爬爬放到了检查床上。

"诺拉护士，你真的要用锯子来拆石膏吗？"爬爬问。

"是的，爬爬。"诺拉护士说，"不过，用的是一种特别的锯子，没有锯齿，不会把你弄疼的。"

那是个很好玩的锯子，莱恩医生打开开关，它发出呜呜的声音，锯出很多石膏灰来。

爬爬感到很惊讶，居然一点儿也不疼，还有点痒痒，哈哈！

莱恩医生工作的时候，爬爬安静地坐在那里。不过他心里在想，怎么没人记得今天是一个特别的日子呢？今天是他的生日啊！难道大家都忘了？

"好啦，好啦！"莱恩医生举着石膏说，"你可以留着这个做个纪念！"

"哦，谢谢您，莱恩医生。"爬爬说，他努力挤出了点儿笑容。

爬爬的腿还有点虚弱，走起路来有点摇晃。

"那个轮椅你还可以再用几天，等你的腿结实起来，能够走路了，再还回来。"诺拉护士说。

小屁孩儿和猫小妹在后座上咯咯地笑。

开车回家的路上，猫妈妈说："我们得想一个特别的方式来庆祝今天这个特别的日子。"

"哦，好啊，猫太太。"爬爬说，"我真高兴拆掉了石膏。"

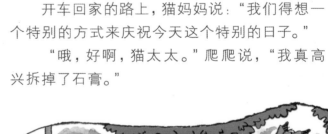

刚一到家，小屁孩儿就推着爬爬的轮椅奔向后院。

"嘿！我们要去哪儿？"爬爬问。

"生日快乐，爬爬！"爬爬的朋友们一起唱起来。

"哇哦！"爬爬开心地笑了，"真是一个
大大的惊喜！我还以为大家都忘了呢！"

"我们不会忘记你的生日的，爬爬，"猫妈妈说，
她拥抱着爬爬，"你是一条很特别的蚯蚓哦！"

The Adventures of Lowly Worm

Copyright © 1995 by the Estate of Richard Scarry

Copyright © 2010 by Guizhou People's Publishing House (Chinese translation)

图书在版编目（CIP）数据

斯凯瑞金色童书·第 6 辑 /（美）斯凯瑞著；李晓平，张喆译．
一 贵阳：贵州人民出版社，2010.8
（蒲公英图画书馆·金色童书系列）

ISBN 978-7-221-09047-8

Ⅰ.①斯… Ⅱ.①斯… ②李… ③张… Ⅲ.①图画故事—美国
—现代 Ⅳ.①1712.85

中国版本图书馆 CIP 数据核字 (2010) 第 162404 号

如发现有印装质量问题，请与印刷厂联系调换

版权所有，未经许可，不得转载

幸运的蚯蚓爬爬 [美]理查德·斯凯瑞 著 李晓平 译

出 版 人	曹维琼
策 划	远流经典文化
执行策划	颜小鹂 李奇峰
责任编辑	苏 桦 张丽娜
设计制作	曾 念 王 晓
	贵州出版集团公司
出 版	贵州人民出版社
地 址	贵阳市中华北路 289 号
电 话	010-85805785（编辑部）
网 址	www.poogoyo.com
印 制	北京国彩印刷有限公司（010-69599001）
版 次	2010 年 09 月第一版
印 次	2010 年 09 月第一次印刷
成品尺寸	250mm×285mm 1/12
印 张	17
定 价	66.00 元（全四册）